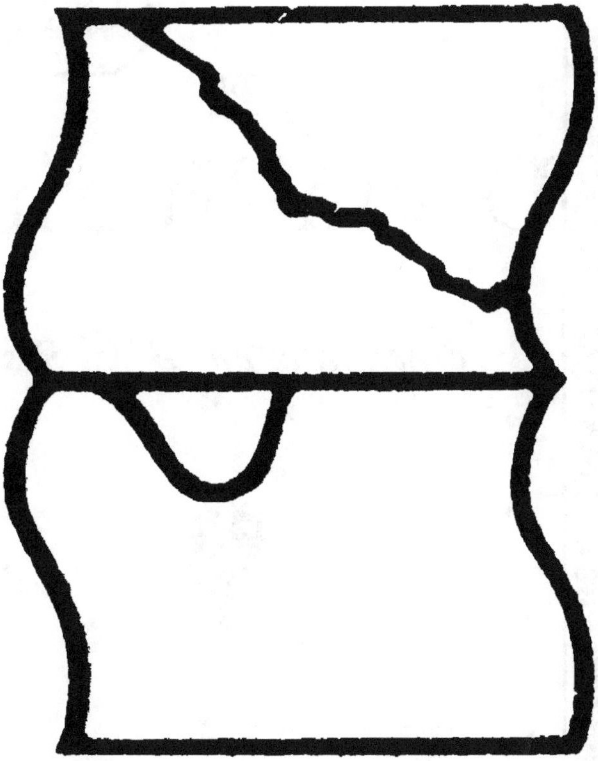

JULES BONNE
CHANOINE HONORAIRE D'AVIGNON

LE
Divin Fugitif

Pastorale en 3 Actes

AVIGNON
AUBANEL FRÈRES, IMPRIMEURS DE N. S. P. LE PAPE
ET DE Mgr L'ARCHEVÊQUE

1893

OUVRAGES DU MÊME AUTEUR :

Au profit d'une École congréganiste libre

~~~~~~

L'Enfant Jésus — Noëls, Légendes, Dialogues, Scènes bibliques. 1 beau volume in-12. Prix : 3 fr. 50.

Aux Portes de Bethléem — Scènes bibliques, (Les Bergers — les Rois). Joli volume in-12, 3me édition. Prix : 1 fr.

Noémi — Pastorale en 3 actes, suivie d'un Dialogue : Les Fillettes de Bethléem. 1 volume in-18. Prix : 1 fr.

Rêve céleste — Pastorale en 3 actes, suivie d'un dialogue. — Préface de l'auteur des *Paillettes d'Or*. 1 volume in-18. Prix : 1 fr.

Les Oiseaux du Bon Dieu — Légendes en vers. Joli volume in-8°. Prix : 75 cent.

Le même ouvrage. — Edition de grand luxe. Très jolie brochure de 54 pages, grand in-4° carré, imprimée en chromotypographie sur beau papier vergé, ornée de nombreuses vignettes en couleurs. Prix *franco*, soigneusement empaquetée, 4 fr.

~~~~~~

S'adresser à l'Auteur — Robions (Vaucluse).

LE DIVIN FUGITIF

PERMIS D'IMPRIMER :

PLAUTIN, vic. gén.

Avignon, le 20 octobre 1892.

~~~~~

AU PROFIT

d'une École Congréganiste libre

Prix, *franco* par la poste : 1 fr.

JULES BONNEL
CHANOINE HONORAIRE D'AVIGNON

LE
DIVIN FUGITIF

PASTORALE
EN TROIS ACTES

AVIGNON
AUBANEL FRÈRES, IMPRIMEURS DE N. S. P. LE PAPE
ET DE Mgr L'ARCHEVÊQUE
—
1893

Personnages :

La Sainte Vierge.
Un Ange.
Nephtali, *jeune berger.*
Elisabeth, *mère de Nephtali.*
Abigaïl, *fille d'Elisabeth.*
Sarah, *servante.*
Judith.
Suzanne.
Salomé.
Déborah, *fille de Salomé.*
Orpha, *sœur de Salomé.*
Ruth,
Noémi, } *filles d'Orpha.*
Chœur de Bergers — *invisible.*

MON BON AMI,

Vous souvient-il de ces quelques lignes qu'autrefois, enfant, vous récitiez avec tant de grâces?

Au temps jadis, vivait une charmante fée.
  Rivale du divin Orphée,
Pour parler et chanter quand ses lèvres s'ouvraient
Elle aurait attendri le cœur le plus farouche.
Et, prodige inouï, les perles, de sa bouche
   Ruisselaient.
Sa filleule, un matin, sur ses genoux assise,
Muette, l'écoutait. La fée en fut surprise;
Et l'enfant répondit: Quoi vous me demandez
Pourquoi sur vos genoux je suis silencieuse?
C'est que je cueille, avide, et d'une main pieuse
  Les perles que vous répandez.

Elle m'est venue naturellement à la mémoire, cette poésie, en lisant votre nouvelle pastorale: Le Divin Fugitif.

Chantez, chantez encore, nous serons tous là, avides de recueillir les perles qui tombent de vos lèvres pour les offrir à Jésus et à Marie.

Quelle est déjà riche et brillante la couronne qu'autour de la Crèche forment votre Noémi, votre Enfant Jésus, votre Rêve Céleste et surtout la gracieuse volière que vous avez si bien remplie de petits oiseaux!

L'Auteur des Paillettes d'Or.

LE DIVIN FUGITIF

ACTE PREMIER

Au hameau de Beit-Saour, tout près de Bethléem. — Intérieur d'une maison orientale : quelques escabeaux, des nattes et des coussins le long de la muraille.

SCÈNE PREMIÈRE

ELISABETH, ABIGAIL, SARAH

ABIGAÏL

Il ne faut pas pleurer ainsi, mère bien aimée : Nephtali sera bientôt de retour.

ELISABETH

Quand reviendra-t-il ?... Trois longs jours et trois longues nuits douloureuses se sont écoulés depuis qu'il est parti, — depuis, hélas ! qu'il n'est plus.

ABIGAÏL

Oh ! ne dites pas : qu'il n'est plus ! — J'espère, je suis certaine, moi, qu'il vit, qu'il pense à nous, qu'il est avec Jésus, caché dans une retraite inconnue mais sûre, et que, l'Enfant divin une fois mis hors de tout danger, mon frère reviendra.

ELISABETH

Dieu le veuille !

ABIGAÏL

En songe, je l'ai déjà vu de retour, cette nuit. Et j'ai revu — t'en souviens-tu, bonne mère ? — cette jeune femme, nommée Marie, mère de Jésus, cette vierge si belle, si douce, qui vint à nous, un soir d'hiver, il y a un an...

ELISABETH

Mon enfant, comment aurais-je pu l'oublier ? — Oui, cette Sainte, plus pure qu'un ange, plus douce que Rachel, plus belle qu'Ève, la mère des hommes... Elle entra chez nous, elle sécha nos larmes... Nos larmes, ah! la source amère n'en était pas tarie.

ABIGAÏL

Je m'en souviens comme d'hier. Mon frère Nephtali touchait aux portes du tombeau, consumé par une fièvre ardente, opiniâtre; ni tes bons soins maternels, ni nos ferventes prières ne pouvaient le guérir. Et nous pleurions tous, mon père, toi, notre bonne Sarah...

SARAH

Ah! pour sûr, oui, je le pleurais, mon cher petit malade, mon enfant gâté — faut pas que ça te fâche, Abigaïl! — quasiment pâle et blanc, sous les rideaux de son lit, comme un lys cueilli le matin.

ABIGAÏL

Tous les détails de cette céleste visite sont restés gravés, ineffaçables, dans mon souvenir... Il y avait environ six jours que la Sainte — nous ne savions pas encore son Nom béni — s'était mise en route avec son époux, pour obéir à l'édit de l'empereur César-Auguste, et qu'ils avaient laissé Nazareth « la fleurie », la plaine d'Esdrelon, puis En-Gannim et Manassé, et l'antique puits de Jacob et les fontaines de Beeroth... Un long, bien long voyage pour elle...

SARAH

Comme ils arrivaient près de la maison, c'est moi qui, la première, les entendis marcher dans la neige et le grésil craquant sous leurs pieds. — Un brave et bon chien de garde, maman Sarah, est-ce pas vrai? — J'allai leur ouvrir.

ABIGAÏL

J'y courus avec toi.

SARAH

Oui, mignonne; et mêmement que, ne te voyant pas, je faillis te passer dessus et te piétiner comme une rose... Brr! quel coup de vent en pleine figure, quand la porte s'ouvrit! Et quelle bise, venant, pour sûr, en droite ligne des neiges de nos montagnes!...

ABIGAÏL

Ils paraissaient glacés et brisés par leur long voyage.

SARAH

Voulez-vous pas !...

ABIGAÏL

Et quand ils nous prièrent timidement de leur donner un abri contre le vent et la neige, il y avait des larmes dans leurs yeux, dans leur voix.

SARAH

Et pas une plainte, ça c'est fort, pas une plainte de lui ni d'Elle. De lui, passe encore ! les hommes ne sont pas douillets comme nous ; mais Elle !... Dans un rayon de lune qui glissa sur son front, oh ! comme elle me parut fatiguée de la route, la pauvre femme ! Pensez donc : six jours de marche, dans cette affreuse Samarie, un pays de loup ! et par des chemins... Ses yeux étaient modestement baissés, et ses cheveux, tout humides de rosée, se collaient, éplorés, sur sa ravissante figure.

ELISABETH

Quand nous leur eûmes dit d'entrer et de se réchauffer au bon feu clair de genêt qui pétillait dans l'âtre, la Sainte vint de suite à moi, me serra la main avec une exquise pitié et tendresse, puis, m'entraînant vers la couche de Nephtali et touchant le front du malade : « Mère, ne pleurez plus ! » me dit-elle. Et tout aussitôt...

SARAH

Vive Dieu ! l'enfant fut guéri.

ELISABETH

Oui, plus aucune trace, aucun reste de fièvre... Envolée comme un sinistre oiseau de proie.

SARAH

Eh bien, voyez-vous, maîtresse, c'est justement ça qui doit présentement vous donner du courage : le petit n'est pas revenu quasiment de l'autre monde pour s'en aller, quelques mois après, revoir ce qui s'y passe. Mon idée, à moi, je vais vous la dire : je pense, comme Abigaïl, que Nephtali est caché quelque part avec le céleste Enfant de celle qui l'a miraculeusement guéri, voilà douze mois, avec le petit Jésus... Ils ne se quittaient pas. C'est-à-dire que c'est notre garçon qui, tous les jours, dare dare, galopait devers Bethléem, pour y revoir son cher amour, son divin camarade. Une paire d'amis, comme David et Jonathas autrefois...

ELISABETH

C'est bien vrai, Sarah : il y courait d'un pas rapide comme le bond d'une gazelle ; il semblait avoir soif de Celui vers qui depuis longtemps nos pères soupiraient : « Cieux, répandez votre rosée ; nuées, laissez venir le Juste ! »

SARAH

Puisque j'y suis, tenez... J'ai là un secret qui me pèse quasiment comme un coing mangé cru. — Ce sont des provisions de toute sorte qui, dans les poches de Nephtali, prenaient chaque jour la route de Bethléem : tantôt quelques raisins, tantôt quelques grenades rouges, ou des œufs frais, ou un exquis rayon du miel de nos abeilles.

ABIGAÏL

Pour l'Enfant Jésus ? vous voulez rire...

SARAH

Eh ! bien sûr, non ! pas pour le cher poupon à qui deux gouttes du lait de sa mère conviennent mieux; mais pour elle, la douce maman, faut croire, et pour le bon saint Joseph.

ELISABETH

Cher Nephtali!

ABIGAÏL

Oui, mon frère a bien fait, n'est-ce pas vrai, maman?

SARAH

Bien fait... hum! hum!

ELISABETH

Mon Dieu, céleste Enfant, né dans une étable, bénissez sa piété naïve.

SARAH

Oh! par exemple, un jour, ce fut trop fort : ne voulait-il pas porter, c'est-à-dire, mener à Jésus un des plus beaux agneaux de la bergerie? — Il le tenait par un cordon rouge passé au cou de la bête. L'agneau, bêlant, tirait sur le cordon; moi, je tirais le petit détrousseur par sa manche, et vivement, vous pouvez me croire. Pour un rien, tant j'étais colère! je l'aurais pris par l'oreille... Finalement, l'agneau me resta; mais lui, voyez la coquinerie! lui filait, galopait... Ah! bien, oui, rattrape-le, maman Sarah!... Tes vieilles jambes ne valent plus, à la course, ses vives pattes de levraut.

ABIGAÏL

Bien fait, Sarah! bien fait!

SARAH

Ah! oui, bien fait? — Sauf le respect qui vous est dû, Abigaïl, c'est par l'oreille, le même cas échéant, que je tirerais votre propre personne.

ABIGAÏL

On verrait bien!

ELISABETH

Espiègle, veux-tu ne pas manquer de respect aux gens!

ABIGAÏL

Mère, pardon! Pardon, vous aussi, Sarah! C'était sans la moindre intention malicieuse.

SARAH

Suis-je sotte d'avoir donné à croire qu'on me devait respect comme à une reine!... Viens ici, mignonne, viens. (Elle embrasse Abigaïl) Me voilà vengée.

SCÈNE II

ELISABETH, ABIGAIL, SARAH, SUZANNE JUDITH

SUZANNE, très sourde.

Bonjour, Elisabeth!

JUDITH, très sourde.

Toujours dans la peine, chère voisine?

ELISABETH

Hélas! toujours.

JUDITH

Vous dites?

SUZANNE, qui a cru entendre.

Elle nous a dit: « Bonjour! »

JUDITH, un peu piquée

Oh! mais, pas nécessaire de vous époumoner ainsi, mère Suzanne: on y entend.

SARAH

Oui, comme un pot.

SUZANNE, à Sarah.

Vous dites que Nephtali est enfin rentré, tout dispos? Tant mieux!

SARAH, à part.

Elle va le croire, et nous attirer quelque désagrément.

SUZANNE

Nous l'aimons bien, ce cher Nephtali. Une perle, un ange! Et tout le hameau de Beit-Saour prenait sincèrement part à votre deuil.

ELISABETH

Mon deuil, hélas! n'a pas pris fin.

SUZANNE

Oui, c'est juste, plus qu'un ange... Un séraphin!

SARAH, (s'impatientant.)

Quand je vous le disais... Triple souche ! Elle y entend comme ce mur... Et encore, non ! puisqu'on dit que les murs ont des oreilles.

SUZANNE

Qu'avez-vous, Sarah ?

SARAH

J'ai... que ma maîtresse ferait bien de vous planter là, toutes deux... Vous entendez ?

SUZANNE

Vous vous égosillez... Pas nécessaire : on comprend.

SARAH

Fiez-vous y !

ABIGAÏL

Ne rien entendre ! — Oh ! moi, je ne veux pas vieillir, si c'est là le tribut qu'il faut payer à la vieillesse.

SARAH

Pas toujours, ma mignonne : voyez vieille maman Sarah.

ABIGAÏL

Oui, mais voyez Judith et Suzanne.

ELISABETH

Des bonnes voisines, malgré leur surdité, et qui ne sont pas demeurées indifférentes à notre douleur.

JUDITH, qui croit avoir compris.

Oui, Nephtali est revenu : nous nous réjouissons de votre bonheur.

ELISABETH

Mon Dieu, comme tous ces quiproquos me sont pénibles !

SUZANNE

Oui, d'avoir perdu votre enfant, cela vous était dur, pénible. Mais vous avez eu confiance en Dieu...

ELISABETH

Hélas! Seigneur, n'ai-je pas un peu murmuré, au contraire, sous le fardeau de l'épreuve, sous le poids de votre droite adorable !...

ABIGAÏL

Oh ! non, ma mère : vous avez gémi, vous avez pleuré, mais sans cesser de baiser la main de Dieu qui nous frappe pour notre bien. — Courage ! après l'épreuve viendra la consolation.

SARAH

Bien sûr : forte averse ne dure pas... Faut donc avoir confiance, bonne maîtresse.

ELISABETH

Je tâcherai... Soutenez-moi de vos prières.

JUDITH

Bien va que Nephtali soit rentré... A propos, vous avez appris la fuite précipitée de la Sainte Famille ? Hérode s'est donné peur : après l'adoration des Rois, il a craint un rival dans le cher petit Roi de la Crèche.

ELISABETH, (très émue)

Comment ? la Sainte Famille en fuite ? Hérode à la poursuite de Jésus ? (A Abigaïl) Tu ne m'avais rien dit de cela ?... On me cache tout.

ABIGAÏL

Maman, je vous l'avais dit, mais sans appuyer trop, craignant de vous attrister davantage.

ELISABETH

Ah! je comprends maintenant l'absence de mon Nephtali... Tué peut-être, tué par ce roi cruel; et emportés, Jésus et lui, dans l'orage, comme deux frêles fleurs du même églantier!

ABIGAÏL

Non, mère! Ni le divin Enfant ni lui n'ont péri.

ELISABETH

Eh! qu'en savons-nous?

ABIGAÏL

J'en suis sûre, j'en crois mon rêve céleste... D'ailleurs, c'est Jésus seul qu'Hérode veut perdre; et si Jésus avait péri, on le saurait; le monstre n'aurait pas manqué de s'en applaudir.

ELISABETH

Et qui m'assure que mon Nephtali soit avec Jésus?

ABIGAÏL

Qui nous l'assure ? mais, à aucun prix, mon frère n'aura voulu se séparer de son divin petit ami, tant que la frontière des monts de Juda n'est pas entre Jésus et ceux qui le poursuivent.

SUZANNE, à Judith.

Comme elle s'anime, cette fillette ! De quoi parle-t-elle ainsi ?

JUDITH

Plait-il ?

SUZANNE

De quoi Abigaïl parle-t-elle, vive et rouge comme la fleur d'un grenadier ?

JUDITH

C'est juste, elle est jolie comme une fleur d'amandier.

SARAH

Bon ! nous y sommes encore, à leurs quiproquos.

SUZANNE (Elle fait signe à Judith qu'elle ne comprend pas.)

Nous ne nous entendons pas...

JUDITH

Ah! mes oreilles! mes oreilles!

ELISABETH

Mais pourquoi Marie consent-elle à ce que mon fils suive le sien dans l'exil?

ABIGAÏL

Pas pour longtemps, sans doute. Après tout, n'est-ce pas un grand honneur pour Nephtali, ô ma mère, d'avoir été choisi pour être l'ange gardien visible de son Dieu?

ELISABETH

Oui, Seigneur, oui! — Je me le représente, ce cher enfant, portant, par moments, Jésus dans ses bras... Et cette pensée me console presque et presque me rend heureuse; et je me plais à murmurer, à savourer comme un fruit exquis, cette parole du Psalmiste: « Dieu t'a confié à ses anges; ils te porteront dans leurs bras, et ton pied ne heurtera pas les pierres du chemin de l'exil. »

SUZANNE

Nous vous laissons, chère Elisabeth.

SARAH

Pas trop tôt.

ELISABETH

Tu n'es pas charitable, Sarah.

JUDITH

Nous reviendrons vous voir.

SARAH

Oui, mais pas de longtemps, s'il vous plaît !

ELISABETH, (sévère)

Insupportable Sarah ! Retiens donc ta langue. A Suzanne et à Judith Au revoir, et merci !
(Judith et Suzanne sortent.)

SCÈNE III

ELISABETH, ABIGAIL, SARAH

SARAH

Bah ! quoi qu'on leur puisse dire, elles n'entendent pas.

ELISABETH

Tu ne manques pas moins à la charité.

SARAH

Comment ça, si elles s'imaginent peut-être que ce sont des compliments, que je leur distribue à poignées ?

ABIGAÏL

Ignores-tu, Sarah, que Dieu voit le fond des cœurs ?

CHŒUR DE BERGERS, dans la rue.

AIR à la fin du livre, No 1.

Vers l'humble étable
Où nous attend,
Pasteur aimable,
Jésus Enfant,
Courons en fête !
Bergers, courons
Sous sa houlette
Courber nos fronts !

ABIGAÏL

Comme ils vont être désappointés, ces bons et braves bergers ! Jésus Enfant, pasteur aimable, hélas ! ne les attend plus.

CHŒUR

Le chœur des anges
Nous convia...
Chantons louanges
Et *gloria !*
Que tout révère
L'Emmanuel !
Paix sur la terre
Et gloire au ciel !

SARAH

« Bergers, courons ! » Ils n'ont guère couru, ma foi ! ou s'ils ont couru, ç'a été un peu tard. Que n'attendaient-ils que Jésus eût vingt ou trente ans ?... Mais, somme toute, ça ne me regarde pas. Chacun part quand il veut et marche comme il peut. (A Abigaïl) Pas vrai, mon gentil perdreau ? Tu as été plus pressée de partir, toi, et plus leste. — Ah ! mais, dis à ta maman de ne pas rester davantage ici. Elle est quasiment à jeun, et, dans son gros chagrin, ça ne me va pas.

ABIGAÏL

Mère, venez, il faut réparer un peu vos forces.

ELISABETH

Oui, mon enfant.

SARAH, à Elisabeth, tandis qu'elle s'éloigne avec Abigaïl.

Je vous suis... Un seul mot à dire à notre voisine Rebecca.

SCÈNE IV

SARAH

Qu'il s'en revienne, cet espiègle de Nephtali, cause de tous nos chagrins, je lui réserve une bourrade... (On frappe à la porte.) Qui va là ? (On frappe de nouveau.) Ah ! çà, est-ce qu'ils vont enfoncer la porte ? Tas de marauds, si je sors... (On frappe.) Oh ! les brigands ! oh ! les monstres ! Attendez... (Elle s'arme d'un bâton, ouvre, aperçoit dans la rue des gens armés, et se recule un peu, effrayée.) Des soldats ! Mon Dieu, des soldats ! Que veulent-ils ? (Elle se rapproche.) Que voulez-vous, braves gens ! qu'y a-t-il à votre service ? (Silence.) Vous voulez, dites-vous, savoir si notre garçon est ici ? *A part.* Est-ce que ça les regarde ? ces gueux-là ? *Aux soldats.* Ici ? mais tout le village de Beit-Saour sait qu'il est parti depuis trois longs jours, le cher enfant... Si vous pouviez le retrouver et nous le ramener, quelle joie pour sa mère ! — Ah ! mais, pas nécessaire de lui donner, à elle, un nouveau coup de sang, ça la tuerait, voyez-vous ? *(Silence.)* — Ah ! bon, ils sont partis. Pas trop tôt. Ça m'a toute remuée, d'apercevoir ces tristes mines-là... Et la voisine que je n'ai pas vue ?... Peut-on se risquer dehors ? *(On frappe.)* C'est Rebecca... *(Elle ouvre.)* Non ! ce sont eux, ce sont eux ! Mon Dieu ! *Silence.* J'entends : vous demandez si certain enfant, nommé Jésus, n'est point caché ici ? Non ! Eh ! qu'en ferions-nous ? Et puis, quel âge peut-il bien avoir ? De onze à douze mois. A cet âge, on ne chemine pas seul, que diable ! la maman va avec. Et vous figurez-vous ça : la maman et le petit venant loger, comme cela, chez ma maîtresse, la pauvre ! qui pleure son enfant perdu depuis trois jours ?... Qui sait ? ils sont peut-être dans les maisons voisines... Allez y voir. *(Elle ferme la porte.)* A tous les diables ces maroufles, ces drôles !

SCÈNE V

SARAH, SUZANNE

SUZANNE, (dehors, frappant à la porte.)

Sarah !

SARAH

Ah! bien, oui, si jamais plus je leur ouvre !

SUZANNE

Sarah !

SARAH

Sans doute, ces sinistres rôdeurs de tantôt.

SUZANNE

Eh ! Sarah.

SARAH

Eh! mais, on dirait la voix de mère Suzanne. Et moi qui la prenais pour un de ces porteurs de moustache, qui m'ont tant effrayée !

SUZANNE

Mais ouvrez donc, Sarah !

SARAH, (ouvrant.)

C'est vous, mère Suzanne ?

SUZANNE, (entrant.)

Vous avez vu ces estafiers ?... C'est Hérode qui les envoie, avec ordre de rechercher et de faire périr l'Enfant Jésus. Avertissez Elisabeth.

SARAH

Non ! Dieu m'en garde ! il vaut mieux qu'elle l'ignore.

SUZANNE

C'est cela, vous le lui direz.

SARAH

Mais, non ! Je vous ai répondu : Non ! triple souche.

SUZANNE

Vous dites qu'il vaut mieux qu'elle l'apprenne de ma bouche... Je veux bien.

SARAH

Non!

SUZANNE

Oui ?

SARAH

Non! Je m'en charge, moi.

SUZANNE

Dieu veuille que Nephtali et son petit ami Jésus échappent à la fureur d'Hérode!

SARAH, (s'impatientant et poussant Suzanne vers la porte.)

Je vous ai dit vingt fois que c'est mon affaire.

SUZANNE

Rien à faire.

SARAH

Non!... Si, mère Suzanne, si! Il faut vous en aller, voilà! et sans tarder plus.

SUZANNE

C'est ça: Vive Jésus! Vous avez bien raison, Sarah, crions: Vive Jésus!

SARAH

Oh! oui; vive Jésus! — Divin Enfant, trompez la fureur d'Hérode, et sauvez aussi, sauvez notre cher Nephtali!

FIN DU PREMIER ACTE

ACTE DEUXIÈME

Une clairière, à l'orée d'un bois de cèdres, dans la montagne de Juda. La Sainte Famille en fuite y fait halte de quelques heures.

SCÈNE PREMIÈRE

LA SAINTE VIERGE, NEPHTALI

NEPHTALI, debout auprès de Jésus endormi. Marie est assise de l'autre côté du lit de mousse et de feuilles sèches, sur lequel repose son Bien-Aimé; elle sommeille. Tout près de Nephtali, mais invisible et endormi, saint Joseph.

Jésus, mon bien-aimé Jésus est à moi, et moi, je suis à lui. Il dort et je veille. — Il y a trois jours qu'averti par un ange, Joseph annonça à Marie qu'il fallait fuir. Aussitôt prenant l'Enfant sur son cœur, dans les chastes plis de son voile : « Partons, dit-elle, et que la volonté de Dieu et de son Fils soit faite ! » — J'étais là, je m'offris à la Sainte Vierge et à son virginal époux, pour leur indiquer, dans la montagne dont j'ai appris à connaître, en compagnie de mon père, les moindres ondulations, un sentier facile, ignoré, par où nous pourrions gagner vite et sans danger la terre étrangère. Ils ne voulaient pas. J'insistai, je pleurai. Ils finirent par consentir. — Adieu, chères collines de mon village ! Adieu, maison qui me vis naître ! Adieu, ma bien-aimée mère !... Ma mère, ah ! me pardonnera-t-elle de l'avoir quittée pour quelques jours sans me jeter auparavant dans ses bras ?... Longue a été la route, à travers les cèdres séculaires ; pénible a été l'ascension des monts de Juda, non pas pour moi, jeune et alerte, Dieu merci ! comme une gazelle, mais pour Joseph et Marie, obligés, tantôt l'un, tantôt l'autre, à porter Jésus dans leurs bras... Marie repose : — Seigneur, prolongez son sommeil et ses divins rêves ! Seul, je veille ; et c'est Jésus qui est là ; c'est mon ami, mon trésor, mon Dieu ! Et, près de ce lit de feuilles sèches où il dort, mon bonheur égale le vôtre, anges qui entourez là-haut son trône de feu.

(Il chante)

AIR à la fin du livre, No 2.

L'Enfantelet vermeil
Dort son calme sommeil...
Au ciel, telle une étoile
   Se voile,
Et tel un bouton d'or
   Se clôt et dort.

Sur son front, en tremblant
J'ai mis ce voile blanc ;
Et, tandis qu'il sommeille,
   Je veille...
Ton ange, ô divin Roi,
   Jésus, — c'est moi.

Te garder, Fleur du ciel,
M'est doux plus que le miel.
Ami, ton doux sourire
   M'attire...
Tu seras mes amours,
   Jésus, toujours.

LA SAINTE VIERGE, (s'éveillant.)

Où suis-je ? — Sur la terre ? Au ciel ? Et quel est le suave cantique que j'entendais ?

NEPHTALI

C'est moi, ô ma divine Mère, qui chantais mon bonheur auprès de Jésus.

LA SAINTE VIERGE, inclinée vers son Enfant.

Jésus ! mon Dieu, mon enfant !... Tu venais au milieu des tiens, et les tiens ne t'ont pas voulu. Ah ? « pourquoi les nations ont-elles frémi devant ton paisible berceau, et pourquoi les peuples méditent-ils contre toi, divin Fugitif, de sinistres mais vains complots ? »

NEPHTALI

Le Psalmiste a bien raison :... « de vains complots. » Nous toucherons bientôt, Mère bien-aimée, à la terre de Misraïm. Encore quelques jours de marche, et la frontière nous met à l'abri du persécuteur.

LA SAINTE VIERGE

Mon Fils, ô bon Nephtali, te devra son salut : sois-en mille fois béni et remercié ! Mais je me pardonne à peine d'avoir consenti à te voir quitter Bethléem, Beit-Saour, et ton nid natal, et ta sœur et ta douce mère.

J'ai confiance toutefois que Dieu permettra qu'un ange t'accompagne, au retour, comme Raphaël le jeune Tobie.

NEPHTALI

Ne vous tourmentez pas de cela, bonne Mère. (Montrant Jésus.) Voilà ma force, ma sauvegarde, ma lumière!

LA SAINTE VIERGE

Tu l'aimeras toujours, Nephtali?

NEPHTALI

En doutez-vous? — « Si jamais je t'oublie, ô mon doux Jésus, que ma main droite soit coupée et que ma langue se dessèche dans mon palais. » Jésus, « toute mon âme s'attache à toi », et je sens que je voudrais répandre mon sang pour toi, tant je t'aime!

LA SAINTE VIERGE

Qui sait? L'heure viendra peut-être, mon fils, d'aimer ainsi.

NEPHTALI

Qu'est-ce à dire? L'avenir lui réserverait-il et réserverait-il à ceux qui seront à lui des heures d'angoisse?

LA SAINTE VIERGE

Oui, Nephtali.

NEPHTALI

Eh bien, vive Jésus! on me verra parmi ceux qui pour lui sauront vivre et mourir.

LA SAINTE VIERGE

Mourir! Lui aussi, ô pensée douloureuse! lui aussi, mon Bien-Aimé, il mourra. Dieu me l'a fait comprendre, ô Nephtali, au moment où l'un des Rois offrait à mon Jésus la myrrhe funèbre, et, plus ouvertement encore, quand le vieillard Siméon m'a annoncé qu'un glaive cruel transpercerait mon âme.

NEPHTALI

Pauvre mère!... Et quel sera — oh! e veux le savoir, dites-le moi! — quel sera le nouvel Hérode assez barbare pour chercher derechef à faire mourir mon Jésus?

LA SAINTE VIERGE

Son amour, Nephtali: c'est par amour et pour le salut des hommes, ses frères, qu'un jour il mourra.

NEPHTALI

Mystère incompréhensible pour moi... Mais n'avez-vous pas entendu un bruit de voix, là, dans le sentier qui contourne ces grands cèdres ?... On vient.

LA SAINTE VIERGE, (très calme)

De ce côté, disais-tu, ce ne peuvent pas être les émissaires d'Hérode.

NEPHTALI

Non, mais... J'y cours, c'est plus sûr.

(Il sort, du côté de la scène qui se trouve à la droite des spectateurs.)

SCÈNE II

LA SAINTE VIERGE, assise auprès de Jésus

Plus aucun bruit... La troupe, hostile ou non, qui gravissait les pentes de la montagne, aurait-elle fait halte ?... Attendons auprès du divin Enfant, auprès de mon doux Jésus...

Le divin Fugitif

UNE VOIX, à quelque distance.

AIR à la fin du livre, No 3.

Pâtres et pastoureaux
Veillaient dans la bruyère ;
Un ange de lumière
Parut sur les coteaux.

La nuit était obscure
Sur les sommets déserts ;
Mais sa blanche figure
Lançait de doux éclairs.

Or, dans l'ombre nocturne
Il chanta :
Ah ! ah ! ah !
Et l'écho taciturne
D'Ephrata
Ecouta.

LA SAINTE VIERGE

Qui vient ?

SCÈNE III

LA SAINTE VIERGE, NEPHTALI

NEPHTALI

Divine Mère, rien à craindre... Un groupe de toutes jeunes filles avec deux ou trois femmes, leurs mères sans doute... Elles font halte, à cent pas d'ici.

LA VOIX

Il chanta dans le ciel :
De ses lèvres bénies
Les saintes harmonies
Coulaient à flots de miel.

La flûte pastorale,
L'harmonieux hautbois
N'ont pas douceur égale
Aux doux sons de sa voix.

Or, dans l'ombre nocturne
   Il chanta :
     Ah! ah! ah!
Et l'écho taciturne
   D'Ephrata
   Ecouta.

NEPHTALI

Un ange de lumière apparaissant à des bergers et chantant dans le ciel !... On dirait l'ange qui annonça ta naissance, ô mon Dieu, aux pasteurs de nos montagnes bethléémites.

LA VOIX

Aux célestes concerts
L'écho préta l'oreille ;
Jamais hymne pareille
Ne réjouit les airs.

Agneaux, brebis et pâtres
Cessèrent leurs ébats ;
Et les brises folâtres
Folâtrèrent tout bas.

Or, dans l'ombre nocturne
   Il chanta :
    Ah ! ah ! ah !
Et l'écho taciturne
   D'Ephrata
   Ecouta.

CHŒUR

Vers l'humble étable
Où nous attend,
Pasteur aimable,
Jésus Enfant,

Courons en fête !
Bergers, courons
Sous sa houlette
Courber nos fronts.

LA SAINTE VIERGE

Jésus ! ton doux Nom est sur les lèvres de ces étrangères... Dieu soit béni !

CHŒUR

Le chœur des Anges
Nous convia :
Chantons louange
Et *gloria !*
Que tout révère
L'Emmanuel !
Paix sur la terre
Et gloire au ciel !

NEPHTALI

Les voici.

SCÈNE IV

LA SAINTE VIERGE, NEPHTALI, DÉBORAH SALOMÉ, NOÉMI, RUTH, ORPHA

ORPHA, à Marie.

Que le saint Nom de Dieu soit béni ! Et salut à vous, jeune femme... Ce sentier mène-t-il à la cité de David ?

LA SAINTE VIERGE

Oui, et que la paix du Seigneur soit avec vous !... Mais la distance est grande, bien grande encore, d'ici à Bethléem.

DÉBORAH

Oh ! qu'importe ! La joie nous porte sur ses ailes.

NEPHTALI, à part.

Cela m'intrigue assez, qu'elles aillent à Bethléem... A Orpha. Sans curiosité, bonne étrangère, pourquoi avez vous entrepris ce long voyage ?

ORPHA

Eh! mon petit berger, nous allons visiter le Sauveur, né à Bethléem.

NEPHTALI

A Bethléem ?

SALOMÉ

Oui, mon fils.

NEPHTALI

Le Sauveur ?

RUTH

Sans doute,... l'Enfant Jésus.

ORPHA

Des pays voisins du nôtre, entre Misraïm et les monts de Juda, déjà bon nombre de pieuses caravanes ont entrepris le pèlerinage que nous faisons; et aucune parole ne saurait exprimer leur joie, leur ravissement.

NOÉMI

Nous aurions du partir plus tôt.

NEPHTALI

Probablement; vous arriverez même trop tard.

SALOMÉ

Ce jeune berger veut rire.

NEPHTALI

Non, bonnes étrangères, non! Depuis quelques jours, un orage a passé sur le divin berceau, la persécution a sévi, les parents de l'Enfant ont du prendre la fuite.

RUTH

Ah! mon Dieu, que nous sommes malheureuses!

NOÉMI

Nous ne le trouverons plus, dites-vous? Ah! « comme soupire le cerf altéré après les courants d'eau vive, ainsi mon âme soupirait vers toi, » doux Jésus!

DÉBORAH

Sait-on, du moins dans quelle direction la Sainte Famille est en fuite?

NEPHTALI

A Bethléem, où j'étais ces jours derniers, on l'ignore.

RUTH

Où te chercher, divin Enfant?

NOÉMI, à Marie.

Et vous, jeune femme, n'avez-vous pas appris où sa mère et lui se tiennent cachés?

RUTH

Oh! fallût-il les suivre au delà du Jourdain ou au delà du Nil immense, nous les suivrions.

LA SAINTE VIERGE, à part.

Chères enfants!

DÉBORAH, à Salomé, lui montrant la Sainte Vierge.

Mère, je n'y avais point pris garde, tout d'abord, troublée par la pénible nouvelle que nous a donnée ce berger. Mais, vois cette jeune femme: comme elle est douce, modeste et belle!

SALOMÉ, à Déborah

Je l'observais... On dirait véritablement un des anges qu'Abraham aperçut sous les chênes mystérieux de Mambré.

NOÉMI, (montrant Jésus à Orpha.)

Oh! cet Enfant, vois: son front rayonne comme une étoile, ses lèvres ressemblent à une rose, à une fraiche rose des jardins de Saron.

RUTH

Et quelle caresse, quelle douceur divine, infinie, dans ses yeux!... Oh! mère, en ce moment, une paix suave, une toute céleste joie envahissent mon cœur et mon âme.

NOÉMI

Il me semble que nous ne sommes plus sur la terre.

ORPHA

Oui, mes enfants, il y a ici du divin.

NEPHTALI

Vous l'avez deviné, le ciel est ici puisque Jésus est là, endormi.

RUTH, (poussant un cri de joie, et tombant à genoux.)

Jésus? le divin Fugitif?

NEPHTALI

C'est lui, et voilà sa très sainte Mère, Marie.

RUTH

Jésus, Fils de Dieu, je t'adore.

(Salomé, Débora, Orpha, et Noémi se prosternent devant Jésus.)

ORPHA

Jésus, céleste Enfant, nous t'adorons : tu es le Verbe incréé fait chair, l'Eternel venu dans le temps, l'Immense fait petit, l'infinie richesse s'appauvrissant pour nous apprendre, à tous, riches et pauvres, que là-haut seulement résident les biens vrais et durables. Divin Agneau, à toi louange, honneur et gloire éternelle !

SALOMÉ

A toi aussi tout notre amour, cher enfantelet !... Te voilà fugitif, exilé, n'ayant que la pierre dure du chemin pour y reposer ton front adorable... Mais nos cœurs, Jésus, nos cœurs sont à toi.

DÉDORAH

O Mère, ô femme bénie entre toutes les femmes, si vous saviez... Nous n'osons pas vous dire notre désir...

LA SAINTE VIERGE

Parlez, mes enfants, parlez.

DÉBORAH

Que nous serions heureuses de pouvoir embrasser votre cher Enfant!... Voulez-vous !

LA SAINTE VIERGE

Eh ! voyez: il s'éveille, il vous tend lui-même les bras. Oui, faites, mes enfants...

(Déborah, Ruth et Noémi baisent le front de Jésus.)

NOÉMI, (elle chante.)

AIR à la fin du livre, N° 4.

O douce étreinte, ô doux baiser !
Sur ton front pur j'ai pu poser,
Bel Enfant, ma lèvre altérée.
O douce étreinte, ô doux baiser !

Tant que mon cœur palpitera,
Jamais, jamais, il n'oubliera
Cette faveur tant désirée,
Tant que mon cœur palpitera.

J'y penserai quand le soleil
Cache, le soir, son front vermeil ;
J'y penserai quand vient l'aurore
Et quand se cache le soleil.

Vienne la mort, j'y penserai :
Ce souvenir, doux et sacré,
Me fera tressaillir encore...
Vienne la mort, j'y penserai.

RUTH

Ecoute, doux Jésus : nous pensions te trouver à Bethléem, et nous avions préparé nos modestes offrandes... Cette tourterelle d'abord, que je te donne. Vois, elle est blanche et pure. Fais que je sois toujours pure et candide comme elle.

(Ruth reste inclinée devant Jésus, tenant la tourterelle dans ses mains.)

DÉBORAH

Puis, deux chemisettes bien chaudes, que voici ; et ces petits rideaux de lit, en serge verte, pour te garantir du froid : car nous pensions que tu avais au moins un berceau, comme les enfants des pauvres les plus pauvres... Tu l'aurais bien vite, si je savais où tu seras demain.

NOÉMI

Moi, je te donne ma chevrette blanche. Tout le long du chemin, elle a bondi et folâtré devant nous. On aurait dit qu'elle désirait, comme nous, te trouver au plus vite, divin Enfant. Plus heureuse que moi, ma chevrette restera toujours près de toi, si tu veux... Oh! mais, s'il faut que je te quitte, moi, — mon cœur, tout mon cœur restera.

RUTH, (laissant s'échapper sa tourterelle.)

Ah! mon Dieu, ma tourterelle qui s'envole!

NEPHTALI

Je la vois, elle s'arrête au haut de ce cèdre. Ne pleurez pas, je vais tâcher de la rattraper. (Il sort.)

RUTH

Méchante tourterelle, va! — J'ai bien encore dans mon panier des œufs frais, des raisins, un rayon de miel de ma ruche, à moi: c'était pour ta maman, doux Jésus! — Divine Mère, les voici... Mais toi, que puis-je maintenant t'offrir, cher amour?

NEPHTALI, rentrant.

Eh! mais, ta tourterelle : la voici !

RUTH

Merci! (S'adressant à la tourterelle.) Sotte, méchante, pourquoi t'enfuir ? Si tu savais combien il est désirable d'appartenir à Jésus, de lui appartenir toujours !
(Elle remet la tourterelle à Marie.)

LA SAINTE VIERGE

Merci, Ruth !... Apprends comment tu devras veiller aussi, toi, sur ton cœur. Puisse-t-il ne se dérober jamais au saint amour de Jésus !...

ORPHA, (montrant Salomé.)

Bénis, mon Dieu, les deux sœurs, les deux mères, qui sont venues de bien loin pour t'adorer.

SALOMÉ

Et bénis nos chères enfants.

LA SAINTE VIERGE

Oui, mon Fils, bénissez-les, toutes ensemble.

NEPHTALI, (poussant un cri de frayeur)

Ah! mon Dieu!...

LA SAINTE VIERGE

Qu'est-ce donc, Nephtali?

NEPHTALI

Là-bas, trois hommes armés... ils nous ont aperçus, ils viennent à nous, voleurs ou bourreaux... Seigneur, à notre secours! Jésus, inspire-moi!...

(Nephtali s'avance sur le devant de la scène, à la droite des spectateurs; Orpha, Salomé, Ruth, Noémi et Déborah se dissimulent, sur le fond. — Pendant ce temps, lentement montent de terre, devant Marie et Jésus, des tiges de blé mûr, drues, serrées; elles cachent le divin Enfant et sa Mère.)

RUTH, NOÉMI, DÉBORAH

O miracle!

(Silence. — Trois soldats, armés de lances, traversent la scène, de gauche à droite, et s'éloignent.)

UNE VOIX, dans la coulisse

Ah! voici enfin âme qui vive... Hé! jeune homme que nous n'avions point vu, en passant, — que fais-tu là, qui es-tu?

NEPHTALI

Je suis berger.

LA VOIX

Berger en herbe... Les loups peuvent venir, ce n'est point toi qui leur feras peur.

NEPHTALI

Oh! qu'ils viennent... J'ai ma houlette.

LA VOIX

Voyez-vous ça!... Est-ce que tu n'as vu passer personne, ces jours derniers, dans la montagne?

NEPHTALI

Non! personne... (A part) Puisque je n'y étais pas.

LA VOIX

Tu fais erreur, peut-être... Il s'agit d'un homme, d'une jeune femme, d'un enfant de douze à treize mois, venant de Bethléem et fuyant vers la terre d'Egypte.

NEPHTALI

Ah! oui... Oui, je m'en souviens.

LA VOIX, vivement

Où sont-ils? parle.

NEPHTALI

Où sont-ils?... Le blé que vous venez de côtoyer sortait de terre, quand ils passaient.

LA VOIX

Joués... Nous sommes joués... Ils sont déjà loin, sans doute. Retournons sur nos pas.

NEPHTALI, à part

Ah! mon Dieu!

LA VOIX

Berger, ne peux-tu pas nous indiquer un autre sentier que celui-ci, moins pierreux, moins couvert?

NEPHTALI

Pour aller où?

LA VOIX

Pour regagner Bethléem.

NEPHTALI, à part.

Ah! s'ils aperçoivent Jésus... (Haut) Si!

LA VOIX

Montre-le nous.

(Les trois soldats traversent de nouveau la scène, de droite à gauche. Nephtali les précède.)

NEPHTALI, dans la coulisse à gauche.

Tenez, prenez ce sentier, passant au bord de ce bois de sycomores et dévalant vers cette combe profonde, à droite. C'est bien cela, vous y êtes.

LA VOIX

Merci, berger!

NEPHTALI, rentrant sur la scène.

Dieu soit béni! L'Enfant Jésus est sauvé.

FIN DU DEUXIÈME ACTE

ACTE TROISIÈME

Même scène et mêmes décors qu'au premier acte. — A la tombée de la nuit.

SCÈNE PREMIÈRE

SARAH

Si vous croyez qu'il soit agréable d'être toujours avec des gens désolés, qui ne cessent de pleurer d'un œil que pour pleurer de l'autre, détrompez-vous. Moi, par moments, ça me crispe. C'est alors qu'il ne ferait pas bon me tomber sous la main... Sans crier : gare! je rudoierais les personnes comme les choses... Et cependant quoi de plus juste que la douleur de ma chère maîtresse? Sept jours pleins, depuis que ce gamin — le mot n'est pas de reste — oui, ce gamin de Nephtali nous a plantées là... Petit sans-cœur, petit mauvais sujet, va, je me charge de te régler ton compte, au retour.

SCÈNE II

SARAH, JUDITH

JUDITH, entrant.

En passant...

SARAH

Bon! Elle me trouve à point, celle-ci...

JUDITH

Comment va Nephtali?... Pas trop fatigué de son escapade de l'autre jour?

SARAH

Contenons-nous... On lui a dit vingt fois que le petit n'est pas rentré; ah! bien, oui! autant parler à une meule de basalte. A Judith Non! pas rentré.

JUDITH

Une sueur rentrée? Où cela lui est-il arrivé?... Pauvre petit!

SARAH

C'est bien ça, on lui parle figue, elle entend raisin.

JUDITH

Chez le voisin? En jouant avec le jeune Abel?

SARAH

Eh! qui t'a parlé de voisin ou d'Abel, vieille...Contenons-nous... *Lentement et forçant un peu sa voix.* Il n'est pas là, Nephtali n'est pas là.

JUDITH

Il est sorti? A la bonne heure. — Alors, nous allons mieux.

SARAH

Un merle blanc, une grenade mûrie sur un rosier, à qui lui fera comprendre que Nephtali, hélas! n'est pas de retour... Et ma maitresse qui ne cesse pas de me gourmander : « Trop vive, Sarah! trop vive! » Je voudrais l'y voir, à ma place!

JUDITH

Mère Suzanne n'est pas venue?

SARAH, vivement.

Mère Suzanne? Il ne manquerait plus que cela...

SCÈNE III

SARAH, JUDITH, ELISABETH, ABIGAIL

ELISABETH

Trop vive, Sarah.

SARAH

Oh! vous, patiente comme Job...

ELISABETH

Non, Sarah, non, je n'ai point la patience de Job; mais encore faut-il savoir endurer ce qui n'est pas un tort chez les autres.

SARAH

Endurer! Un drôle de mot, pas commode... Moi, voyez-vous, quand le morceau est trop gros à avaler, je mords, et j'en fais trois, quatre.

ELISABETH, à Judith

Soyez la bienvenue, ce soir, bonne voisine!

JUDITH

Et Nephtali?

SARAH

Voulez-vous bien vous taire, enragée bavarde?

ABIGAÏL

Contenons-nous, Sarah !

SARAH

C'est mon refrain, oui, mais ça ne me corrige guère.

ELISABETH

Nephtali!... Ah! je te pleure, inconsolable comme Rachel. Je sais bien qu'il y a lieu d'espérer; mais tant que tu ne seras pas ici, dans mes bras, qui me consolera de ton absence?

ABIGAÏL

Maman, on dit partout, dans Bethléem et dans Beit-Saour, que les soldats d'Hérode ont ordre de tuer les seuls enfants de lait : pourquoi auraient-ils frappé Nephtali? Le bruit circule aussi que l'Enfant Jésus est sauvé, qu'il est en terre de Misraïm, où Hérode n'est plus le maitre... Espérons donc que mon frère sera bientôt dans vos bras.

ELISABETH

Pardonnez-moi, je ne devrais pas vous attrister de la vue de mes pleurs.

ABIGAÏL

Oh! non, bien-aimée mère! Pleurez, pleurez sans contrainte. Votre douleur est notre douleur, et, vienne le jour invinciblement attendu, votre joie sera notre joie.

ELISABETH

Ma joie! Elle s'est dissipée comme une fumée et elle a passé comme la fleur des champs qui dure un jour.

SARAH

Oh! voyez-vous, maitresse, toute comparaison cloche, comme l'on dit. Et si je vous disais, moi, que votre âme refleurira, pareille au lys ranimé par une abondante rosée !

ABIGAÏL

Sarah a vingt fois raison, ma bonne mère.

JUDITH, à Elisabeth.

Je ne saisis pas bien tout ce que vous dit Abigaïl ; mais je suis sûre que la sagesse de Salomon vous parle par sa bouche.

SARAH

Pour une fois qu'elle parle sensément et qu'elle tombe juste, la bonne vieille, bravo !

ABIGAÏL

Allons, mère, courage ! Et confions-nous en notre Sauveur, en cet aimable petit Enfant qui est né pour nous dans la cité de David. Pour être humble et pour avoir pris naissance dans une étable, il n'en est pas moins le Dieu tout-puissant, le Dieu bon... Sourire de mon Jésus, envoyez-nous un rayon d'espoir et de joie, petite main du Sauveur enfant, redressez le roseau ployé et la fleur à demi brisée par la tempête.

UNE VOIX, dans le lointain

air à la fin du livre N° 5.

Noël! — Un vol d'anges,
Ravis et confus,
Chantait vos louanges,
Saint Enfant Jésus.

UNE AUTRE VOIX

Pour vous, sur l'étable
Au chaume vermeil,
O Dieu tout aimable,
Brillait un soleil.

LA 1re VOIX

Or, sur la colline,
Des beaux messagers
L'aubade divine
Surprit les Bergers.

LA 2e VOIX

« Le ciel nous convie,
Dirent-ils, portons
» Au Dieu de la vie
» Nos cœurs et nos dons! »

SARAH

Qui chante si bien que ça ? On dirait quasiment deux anges se répondant, d'un coin à l'autre du ciel, comme deux fauvettes, d'un arbre à l'autre.

LA 1re VOIX

Et sitôt qu'ils virent
Le Sauveur naissant,
Joyeux, ils lui firent,
Chacun son présent :

LA 2e VOIX

Celui-ci des langes,
Un autre du lait...
Et que de louanges
A l'Enfantelet !

ABIGAÏL

C'est mon frère Nephtali qui serait content d'ouïr ce joli, ce naïf cantique !...

LA 1re VOIX

Près de l'humble Crèche,
Tandis qu'on priait,
Sur la paille fraîche
Jésus souriait.

LA 2ᵉ VOIX

Et sous son fin voile
Vous auriez cru voir
Briller une étoile,
Comme au ciel, le soir.

ABIGAÏL

Divin sourire, étoile pure, oh! venez, venez réjouir un peu notre ciel assombri!...

SCÈNE IV

ELISABETH, ABIGAIL, SARAH, JUDITH UN ANGE, NEPHTALI

L'ANGE, dans la rue, près de la maison d'Elisabeth.

Nous arrivons.

NEPHTALI

Oui, ô mon bien-aimé guide.

L'ANGE

Mystérieux chemin par où le Fils de Dieu s'est enfui vers la terre étrangère, route sacrée, ombragée de cèdres séculaires qui courbaient leurs rameaux vers lui, tandis qu'il passait, — nous vous avons parcourus au rebours. Puis, nous vous avons saluées, proches collines de Bethléem, sur lesquelles les cieux ont versé leur rosée, et toi, grotte bénie, devenue un instant le palais du Juste, mais aujourd'hui dépouillée de ta gloire. Et voici Beit-Saour, voici le petit monticule où Booz avait son aire, et, sur la pente douce que la lune baigne de ses molles clartés, voici le champ d'épis où venait glaner Ruth, la Moabite.

NEPHTALI

Oh! joie de vous revoir, champs familiers, doux nid natal, maison, témoin de mes premiers jeux!

SARAH

On parle dans la rue.... J'ai envie... A part, Ce n'est point curiosité de femme, oh! non, et chacun peut bien, ma foi! raconter ses affaires à qui ça lui plait.

JUDITH, à Sarah.

Mère Suzanne... Je trouve qu'elle tarde à venir. Nous nous étions donné ici rendez-vous.

SARAH

C'est ça : pas assez d'une !... Et puis, représentez-vous cet entretien : mère Judith, sourde comme une meule, causant avec mère Suzanne, sourde comme un pot. A deux lieues à la ronde, je parie, les fauvettes ne nichent pas.

NEPHTALI, dans la rue

Oh ! comme mon cœur bat, sur le seuil de cette maison bien connue.

L'ANGE

Entrons. (Il frappe à la porte de la maison d'Elisabeth.)

SARAH, à part

Mère Suzanne, probablement... Si je la laissais se morfondre un peu dans la rue ?
(On frappe.)

ELISABETH

On a frappé.

SARAH

Vous croyez ?... Peut-être, un coup de vent. A part. C'est mère Suzanne ; on n'ouvre pas. Attrape ça, ma bonne vieille !
(On frappe.)

ELISABETH

Ouvrez, Sarah !

SARAH, (ouvrant, puis refermant vivement la porte.)

Ciel ! qu'ai-je vu ?... Un fantôme blanc, avec de grandes ailes !

ELISABETH

Mère Suzanne plutôt.

SARAH

Mère Suzanne en blanc ? Soixante quinze ans, bonne mesure, en parure blanche de mariée ?...

ELISABETH

Vous êtes folle, Sarah.

SARAH

Comment ça ?... Je me suis peut-être trompée... Quand on se fait vieille... Rouvrons ! (Elle ouvre la porte et recule, effrayée.) Encore lui, encore le blanc fantôme ! vous dis-je.

ELISABETH, (allant vers la porte.)

Un ange ! (Elle tombe à genoux.) Soyez béni, ô mon Dieu, de m'envoyer, à moi, votre très humble servante, un de vos messagers radieux, un de vos anges!

(Elle se relève, Abigaïl, Sarah, Judith s'effacent un peu, au fond de la scène.)

L'ANGE, entrant.

Ne craignez rien, Elisabeth : c'est un heureux message qui m'amène dans votre maison. Votre fils n'est pas loin...

ELISABETH

Mon fils! Nephtali! Vous ne me trompez pas? Il reviendra bientôt? Où donc est-il?

L'ANGE

Il s'était offert à guider la Sainte Famille à travers les monts de Juda, puis vers la terre de Misraïm, où elle doit demeurer quelque temps, à l'abri des fureurs d'Hérode.

ABIGAÏL

Bonne mère, vous le voyez, c'est bien mon rêve.

SARAH, à Abigaïl

J'allais justement te le dire.

ELISABETH

Et mon fils est resté avec la Sainte Famille?

L'ANGE

Non, Elisabeth, non : Dieu a daigné m'envoyer du ciel pour vous ramener Nephtali. Il n'est pas loin; mais craignant d'être grondé...

SCÈNE V

L'ANGE, ELISABETH, NEPHTALI, ABIGAIL
SARAH, JUDITH, SUZANNE

SUZANNE, dans la coulisse

Tiens, c'est toi, Nephtali? Que fais-tu là, à cette heure de nuit? Aurais-tu commis quelque sottise? Bien, bien, je vais arranger cela. Courons vite, petit, courons nous jeter dans les bras de la chère maman.

NEPHTALI, (courant embrasser sa mère.)

Ma mère! oh! ma bien-aimée mère, pardon!

ELISABETH

Nephtali, mon cher Nephtali! Je t'avais perdu, et je te retrouve; tu n'étais plus, et te voici dans mes bras... Mon Dieu, que je suis heureuse! Ange du ciel, merci!

SARAH, (poussant Abigaïl vers Nephtali.)

Et ta sœur, petit, rien pour elle? Rien pour maman Sarah?

(Nephtali embrasse Abigaïl et Sarah.)

ABIGAÏL

Je l'avais dit à maman, que tu reviendrais.

SUZANNE, à part

C'est à n'y rien comprendre... Le petit dans la rue, un ange dans la maison, Sarah qui pousse Abigaïl dans les bras de son frère...

JUDITH, qui se trouve près de Suzanne, sur la scène.

Mère Suzanne! Je vous ai distinctement entendue: mes oreilles se seraient-elles rouvertes?

SUZANNE

Et moi aussi, je vous entends... Dieu soit béni!.. C'est sans doute votre présence, ange du Seigneur, qui nous vaut ce miracle.

(Suzanne et Judith s'agenouillent devant l'Ange).

L'ANGE

Relevez-vous, et à Dieu seul rendez gloire, grâces, reconnaissance...

SARAH

Ah! çà, mon cher petit drôle, tu vas maintenant nous raconter un peu ton escapade.

NEPHTALI

Mon céleste guide vous l'a déjà racontée.

SARAH

Oui, mais — sauf votre respect, ô beau monsieur venu du Paradis! — nous voulons mieux que ça : il faut nous débrouiller les choses tout au long, de fil en couture.

ELISABETH

Qu'importe? Il est retrouvé... Dieu soit mille fois béni!

NEPHTALI

Comme vous le savez, il fallait fuir et sauver Jésus au plus vite. Mais où fuir? — Vers la terre de Misraïm, en pays étranger: là plus rien à craindre d'Hérode. Le bon Joseph ignorait les chemins; et puis tout chemin n'était pas à prendre, on pouvait à chaque pas rencontrer un soldat du roi... Je m'offre au saint gardien de Jésus; il ne veut pas. J'insiste, il finit par céder. — Nous partons.

SARAH

Bravo! Voyez-vous ça: quelle décision et quel air résolu!

ABIGAÏL

Heureux Nephtali, je n'osais pas le dire à notre mère, mais j'enviais ton sort.

NEPHTALI

Oh! oui, quelle joie, quel bonheur de sauver mon Jésus!... En gravissant les monts de Juda, pas la moindre rencontre, personne. Sans crainte et tout entiers à notre tâche bénie, nous allions, priant et remerciant Dieu. Sur le sommet, trois estafiers, armés jusqu'aux dents, tombent sur nous, à l'improviste.

SARAH

Ah! mon Dieu!

NEPHTALI, à l'Ange

Que n'étiez-vous là, ô mon bon ange, tenant en main le glaive de feu, comme le Chérubin à la porte du Paradis terrestre?

L'ANGE

Inspiré et soutenu par Dieu, tu suffisais, Nephtali.

NEPHTALI

Nous fûmes sauvés par miracle.

SARAH

Quel miracle?... Tu me raconteras ça plus au long, eh! Nephtali.

NEPHTALI

Nous verrons... Les jours suivants, plus aucun danger, plus aucune alerte. Mais sur la frontière de Misraïm, il me fallut, hélas! dire adieu à mon Jésus bien-aimé. Oh! avant de nous séparer, combien de fois ne l'ai-je pas embrassé! Et combien de fois, avec quelle bonté, Marie et Joseph ne m'ont-ils pas exprimé leur reconnaissance!... C'est alors que mon guide céleste s'est présenté à moi, affable, bon, attentif à tous mes besoins, comme Dieu même qui l'envoyait. — Et me voici! Mère, pardonnez-moi de vous avoir quittée, il y a sept jours, sans vous rien dire, sans me jeter dans vos bras...

ELISABETH

Oh! oui, je te pardonne, et je bénis Dieu des nobles sentiments qu'il a daigné mettre en ton cœur... Pour vous, ange du ciel...

L'ANGE

Pour moi, « il est temps que je m'en retourne vers Celui qui m'a envoyé. »

ELISABETH

Non! restez avec nous, ange de Dieu, et donnez-nous le temps de vous exprimer notre juste reconnaissance. Vous m'avez ramené mon fils; vous l'avez gardé, durant le voyage, avec une sollicitude presque divine; et je puis dire, comme Tobie, qu'en me donnant la joie de le revoir, vous m'avez fait revoir « la lumière du ciel. » Que vous rendrai-je, ô bon messager, et comment vous remercier dignement?

L'ANGE

« La paix soit avec vous... C'est Dieu qui m'a envoyé, bénissez Dieu et exaltez sa bonté souveraine. » Les biens que vous pourriez m'offrir, je n'en userais pas. Car notre Dieu nous rassasie et nous désaltère, nous, ses anges du ciel, d'un pain et d'un breuvage invisibles.

NEPHTALI

Non, ne nous dites pas encore adieu. A peine ai-je eu le temps de vous voir, de vous connaître, de vous aimer... Qui vous presse de repartir?

L'ANGE

La volonté de Dieu...

NEPHTALI

Vous me laissez...

L'ANGE

Avec ta mère.

ELISABETH

Eh! n'avons-nous pas besoin de consolation et de force, loin du divin Enfant exilé?

L'ANGE

Rassurez-vous, Elisabeth ; rassure-toi, Nephtali : — nous nous retrouverons, un jour. Le Sauveur reviendra de l'exil, vous le reverrez, je vous en avertirai moi-même...

NEPHTALI

O bonheur !

L'ANGE

Adieu.

(LE RIDEAU TOMBE)

FIN DU TROISIÈME ET DERNIER ACTE

Chœur des Bergers

N° 1. — CHŒUR DES BERGERS

L. BOXXEL.

N° 2. — L'ENFANTELET VERMEIL

N° 3. — PÂTRES ET PASTOUREAUX

84   Pâtres et Pastoureaux

N° 4. — O DOUCE ÉTREINTE!

Andantino.   L. BOSSEL.

O douce étreinte, ô doux bai-ser!
Sur ton front pur J'ai pu po-ser,
Bel enfant, ma lèvre al-té-ré-e
O douce étreinte, ô doux bai-ser!
Tant que mon cœur pal-pi-te-ra, Ja-mais, ja-mais il n'oubliera Cette faveur tant dé-si-ré-e, Tant que mon cœur palpi-te-ra.

N° 5. — NOEL

Andantino simplice. L'abbé Chassang.

Noël! Un chœur d'anges, Ravis et con-fus, Chan-tait vos lou-an-ges, Saint En-fant Jé-sus. Et sur l'humble é-ta-ble, Au chau-me vermeil, O Dieu tout ai-mable, Brillait un so-leil.

N° 6. — LES PASTOUREAUX

N. SABOLY.

Les pas-tou-reaux ont fait une as-sem-blée, les pas-tou-reaux ont tenu le bu-reau; Et là cha-cun a dit sa rà-te-lée; Puis s'est con-clu, la pa-ro-le don-née, D'al-ler d'al-ler vers l'En-fant nou-veau-né.

www.ingramcontent.com/pod-product-compliance
Lightning Source LLC
LaVergne TN
LVHW050637090426
835512LV00007B/895